IMALAURABLONDEAU

DEAD BANANAS

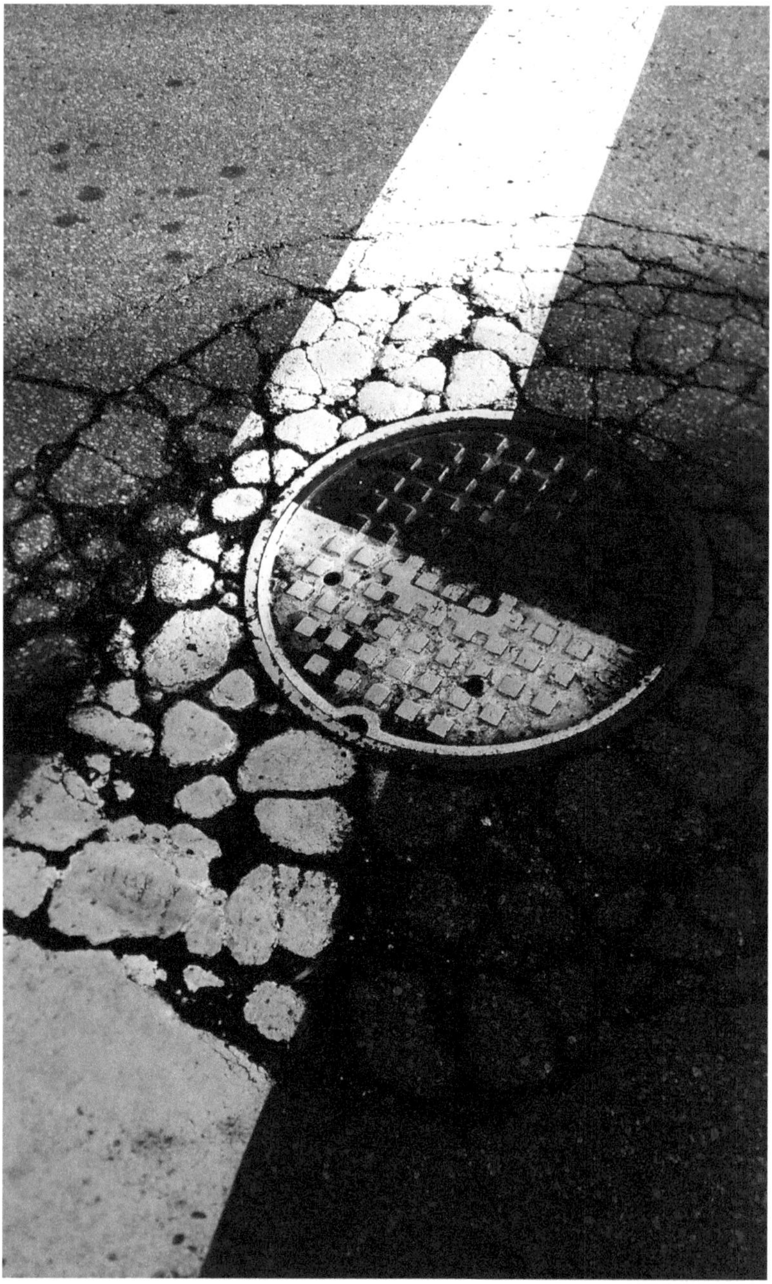

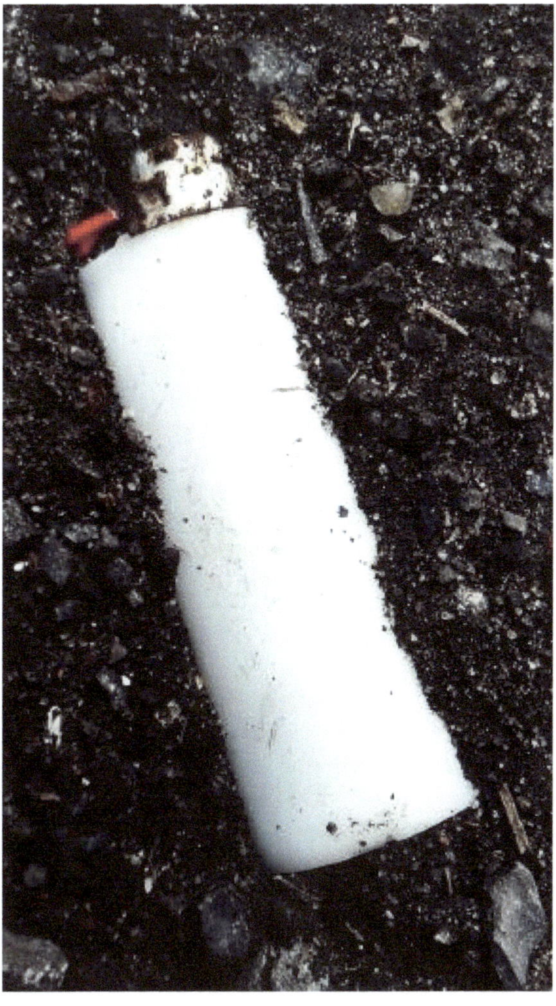

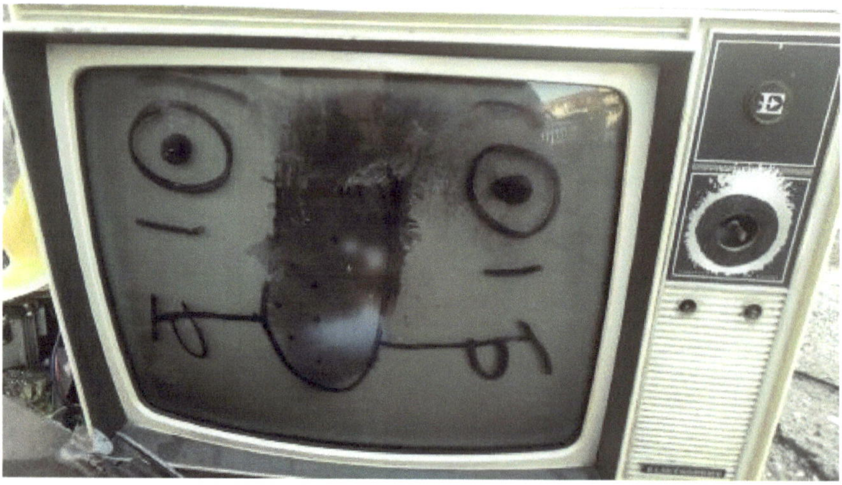

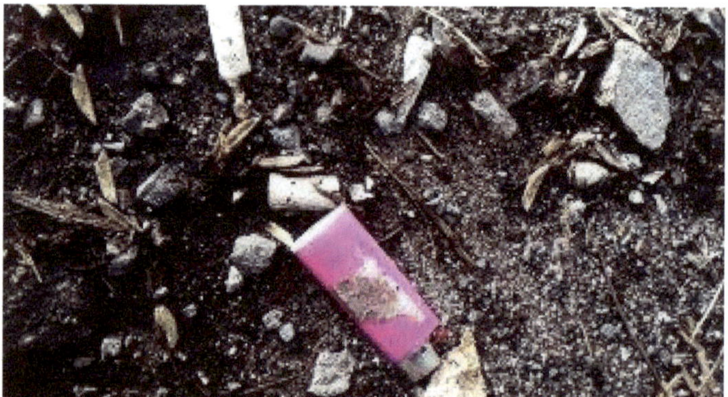

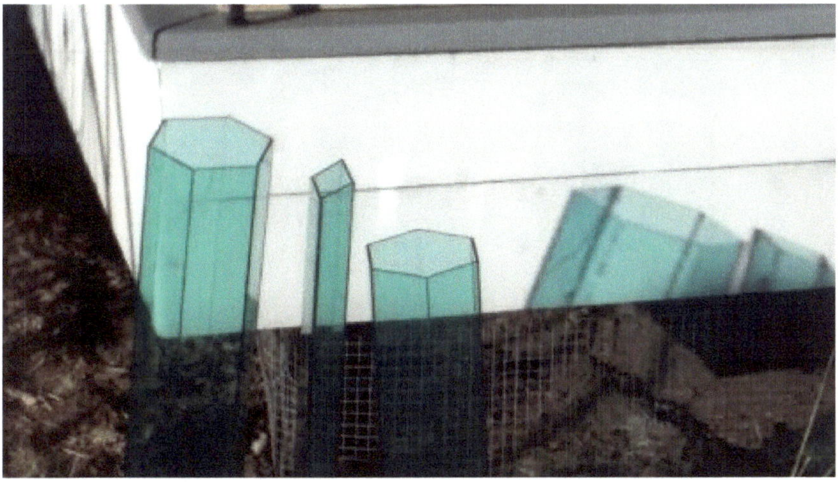

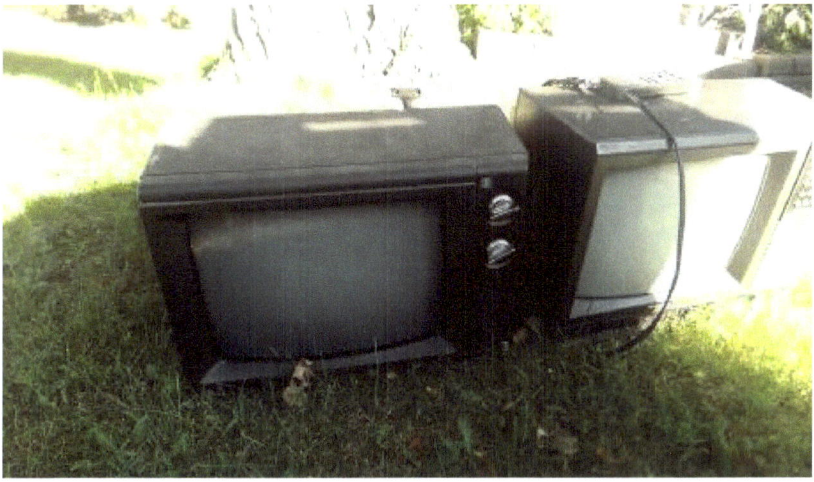

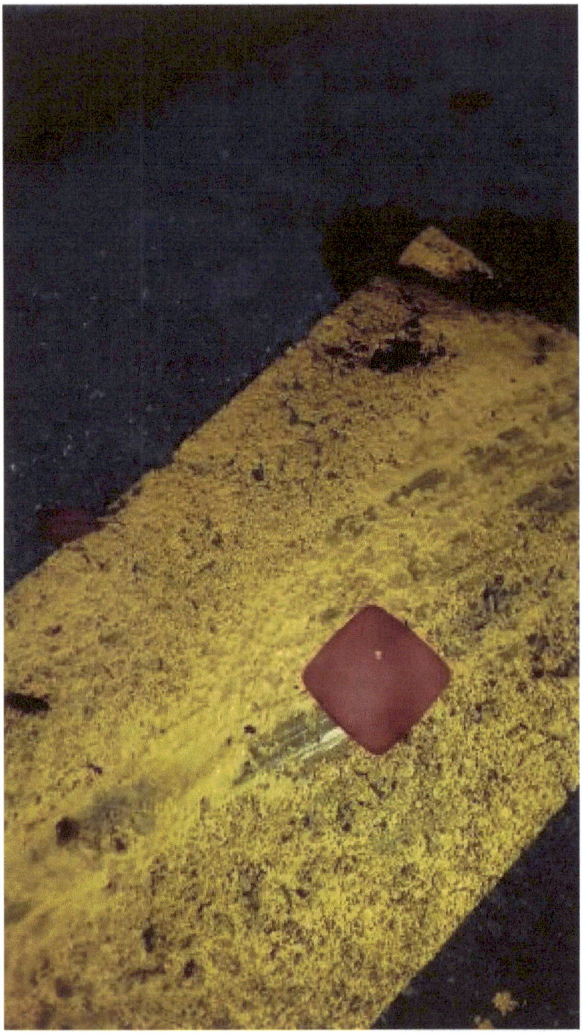

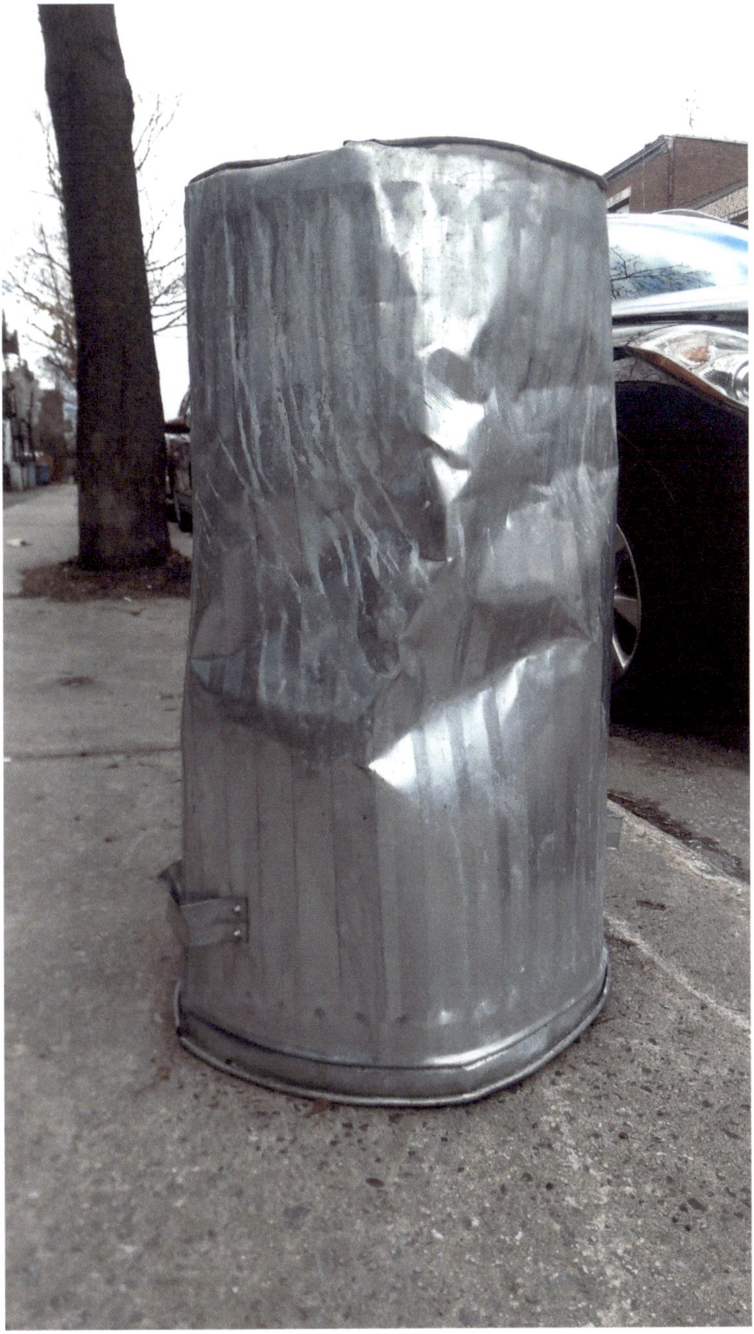

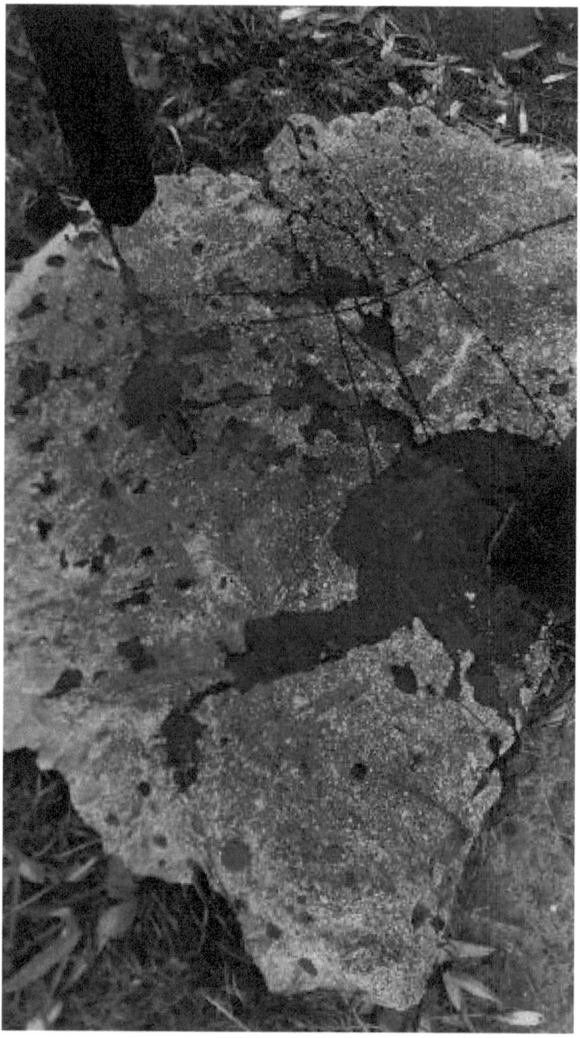

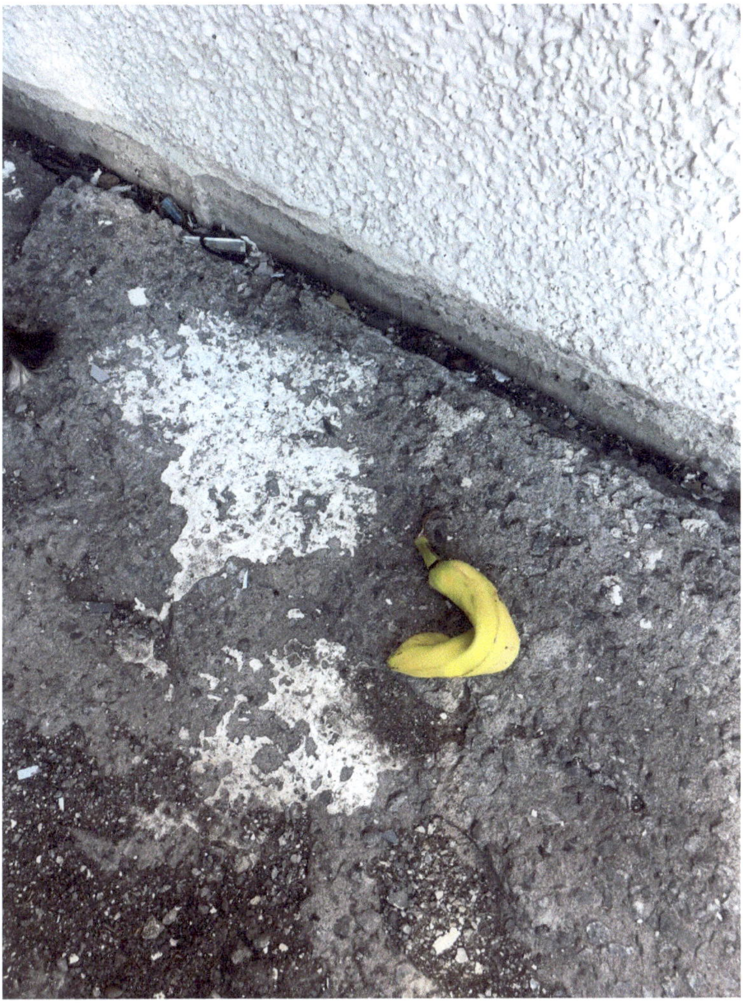

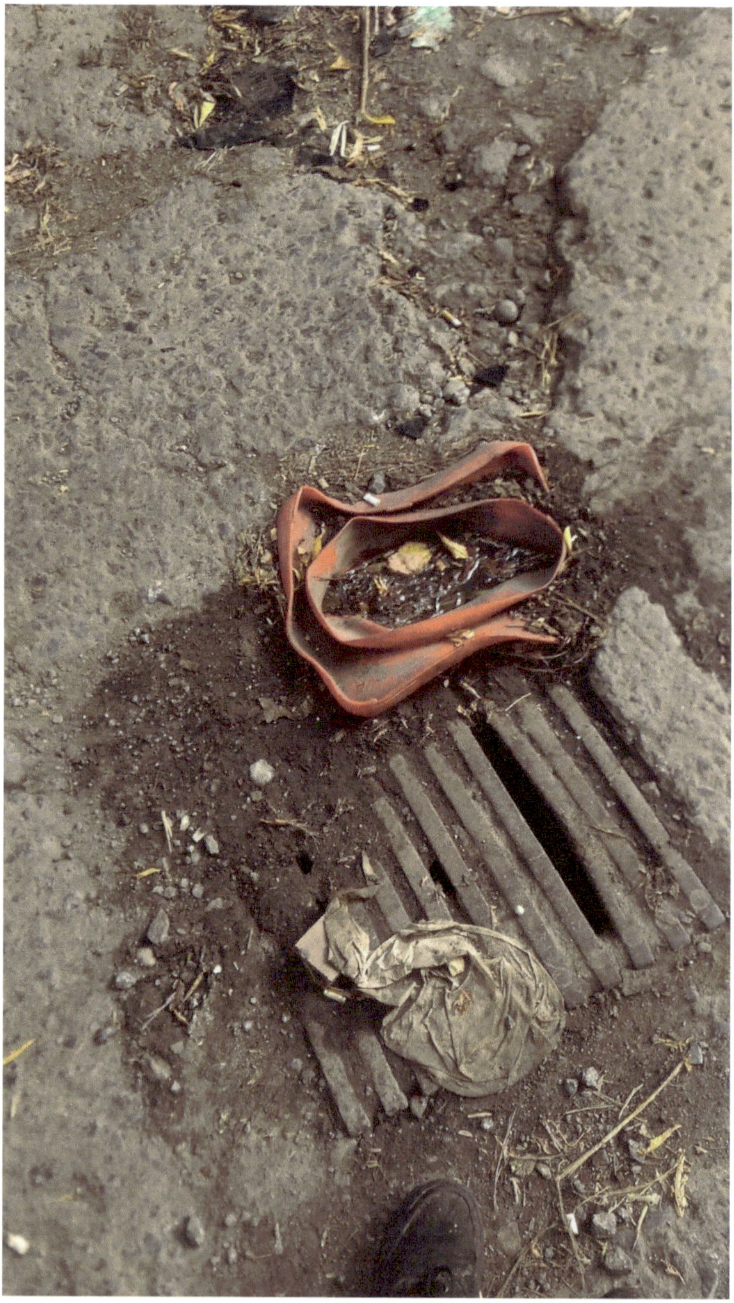

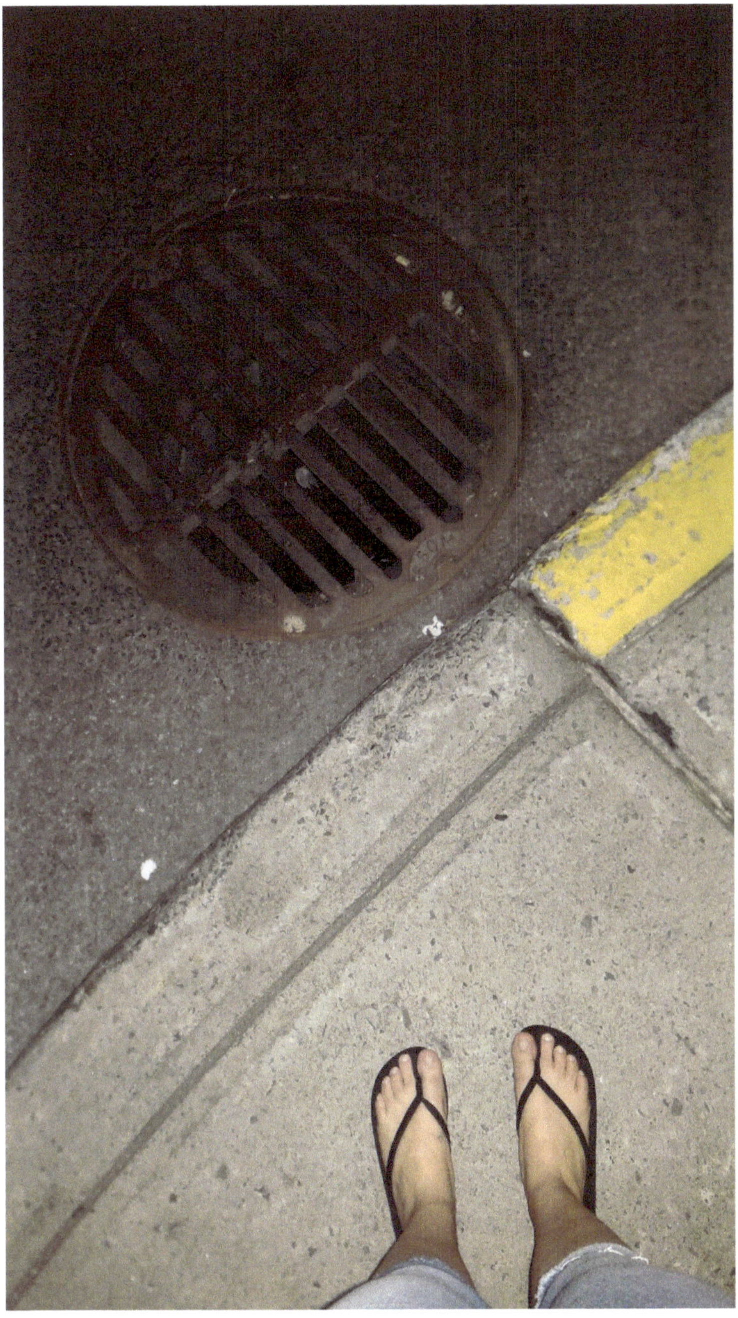

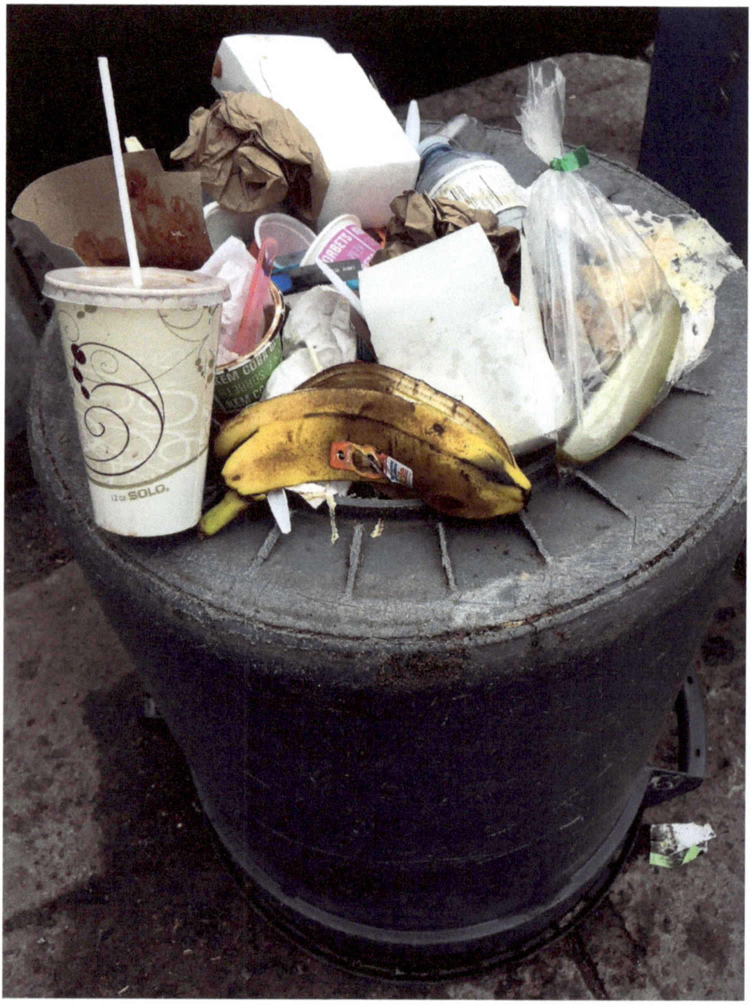
12 oz SOLO.

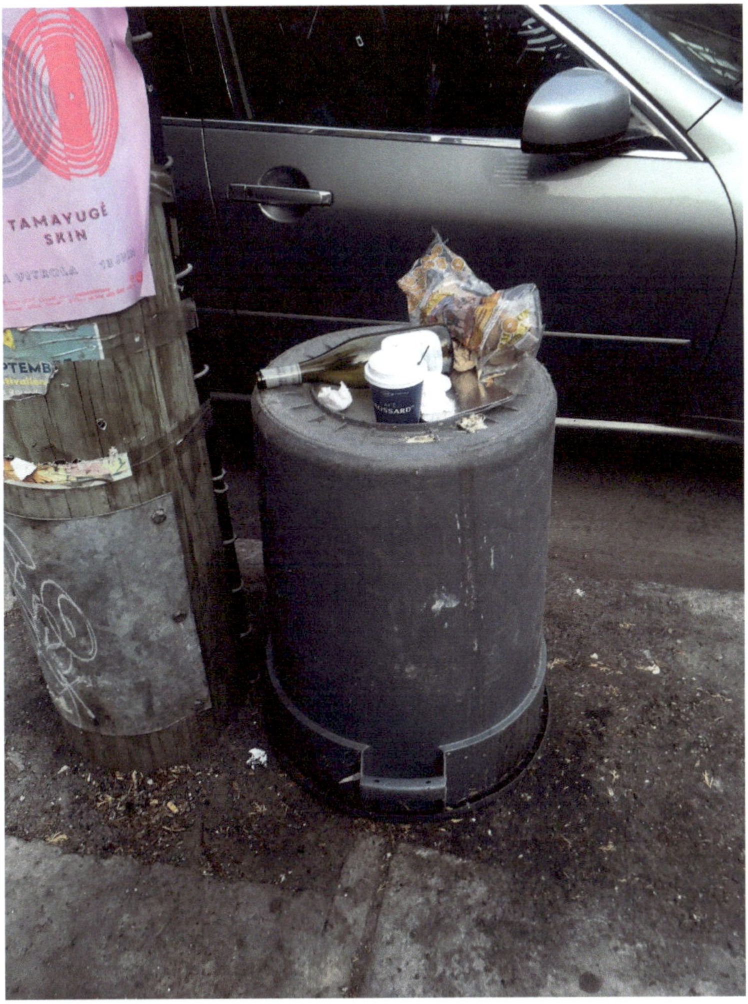
TAMAYUGÉ
SKIN

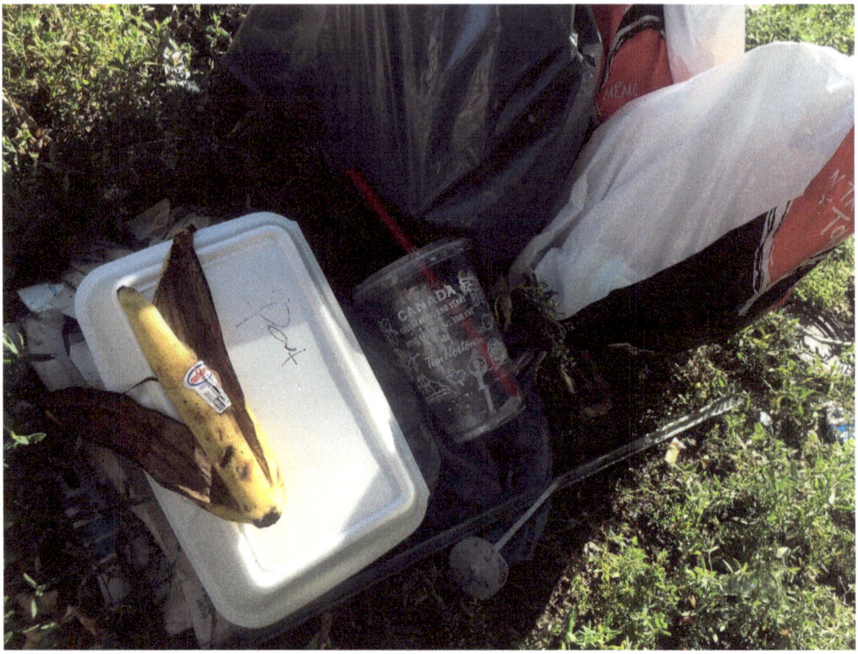
CANADA
Tim Hortons

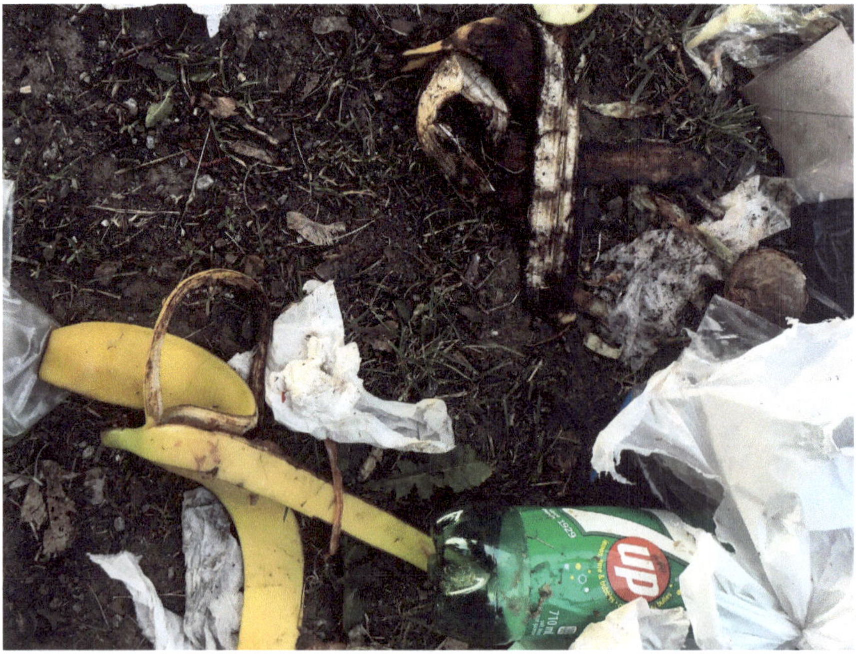
UP

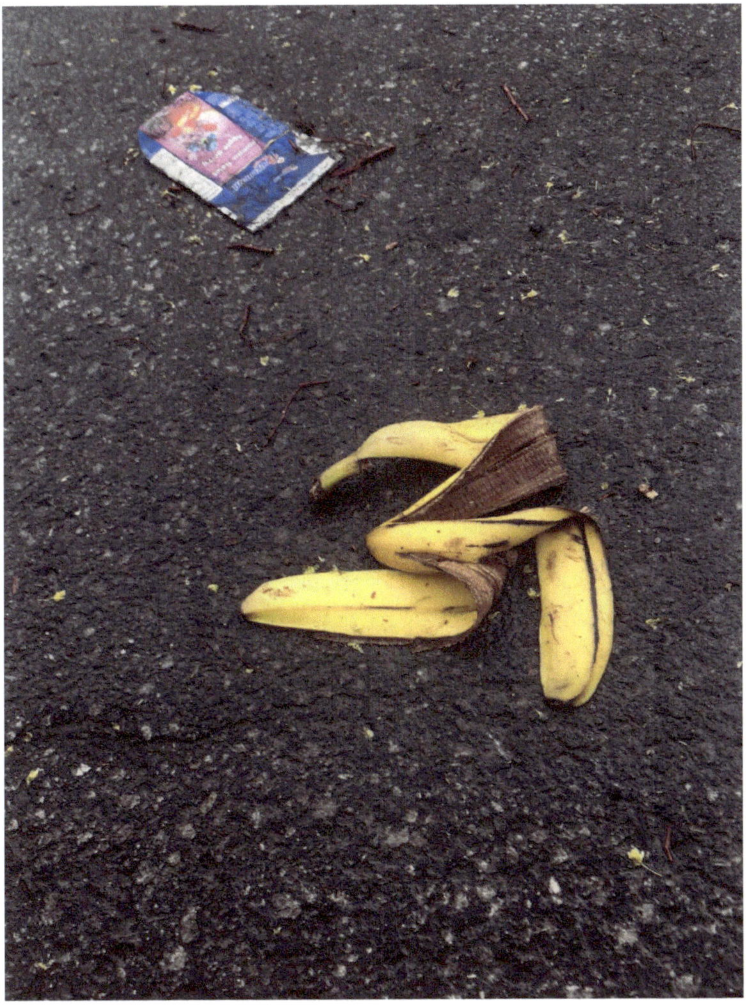

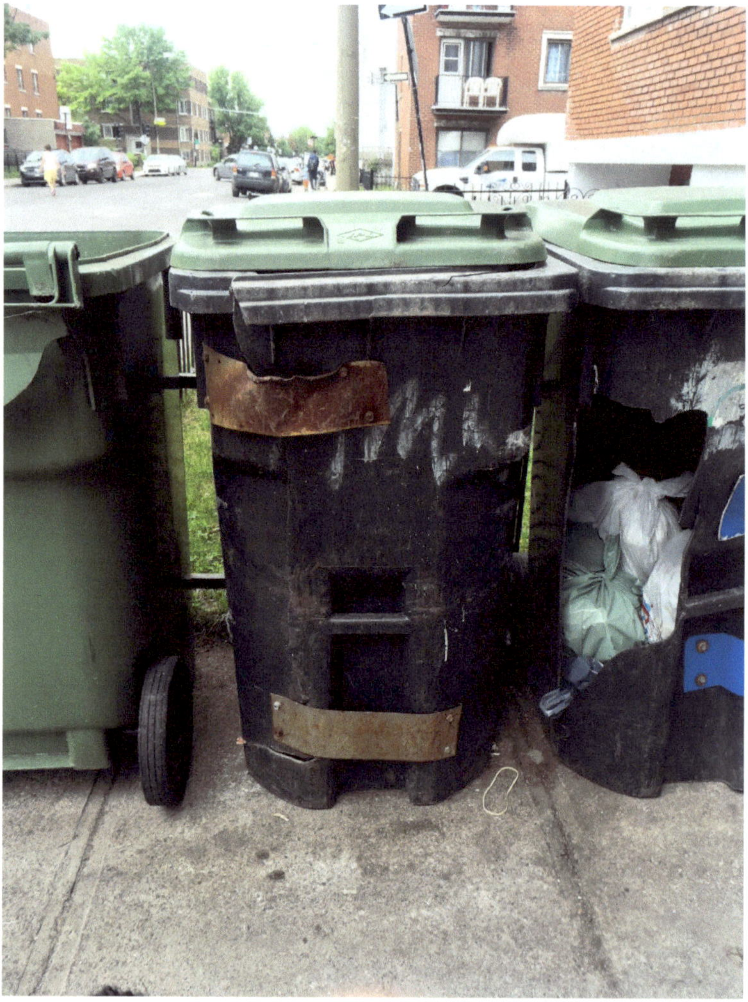

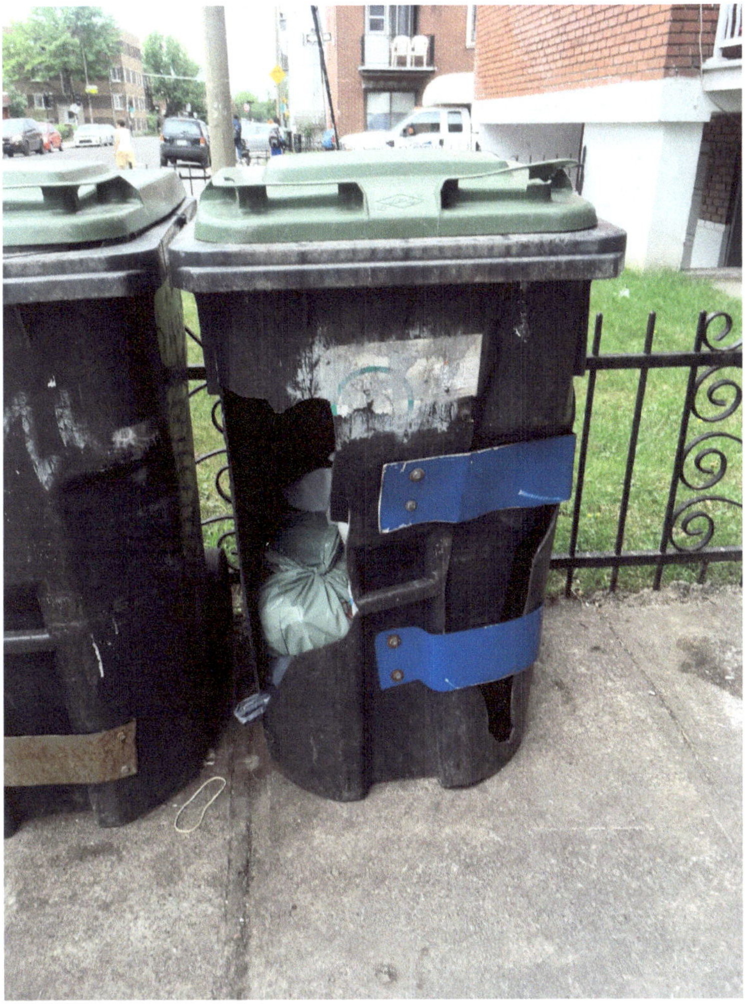

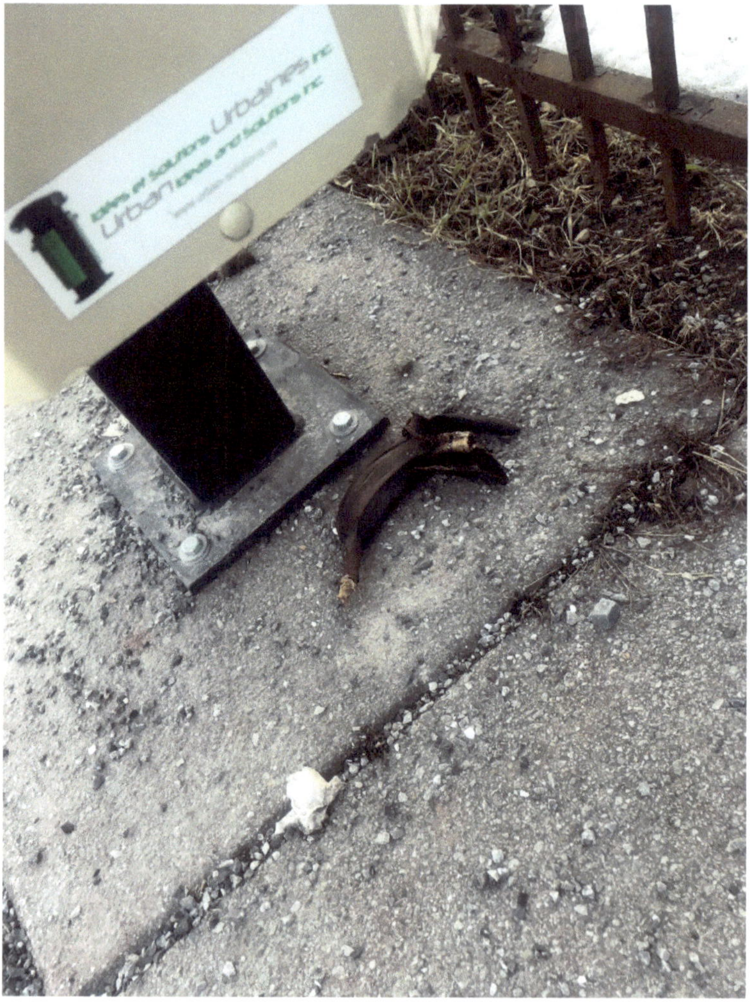

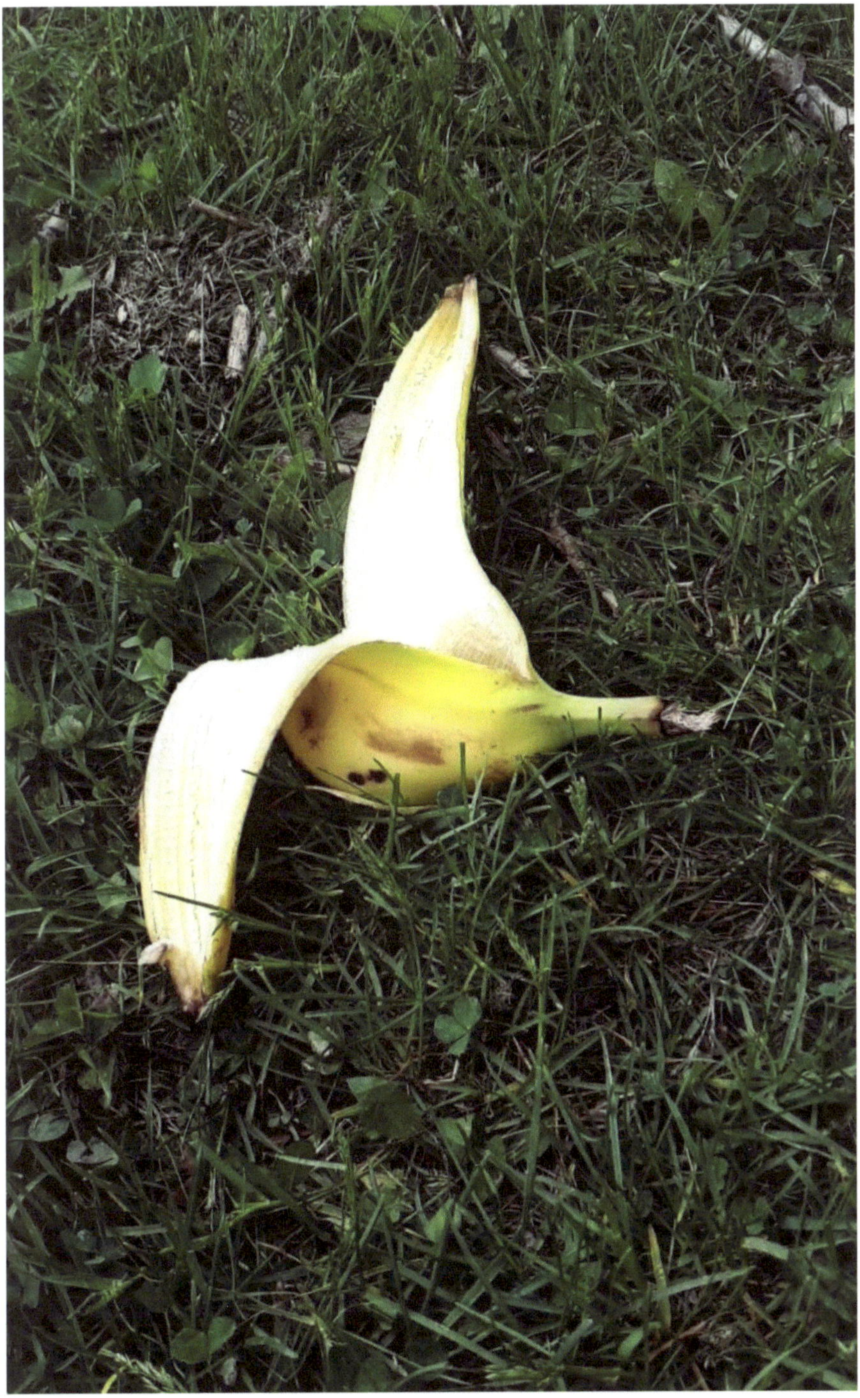

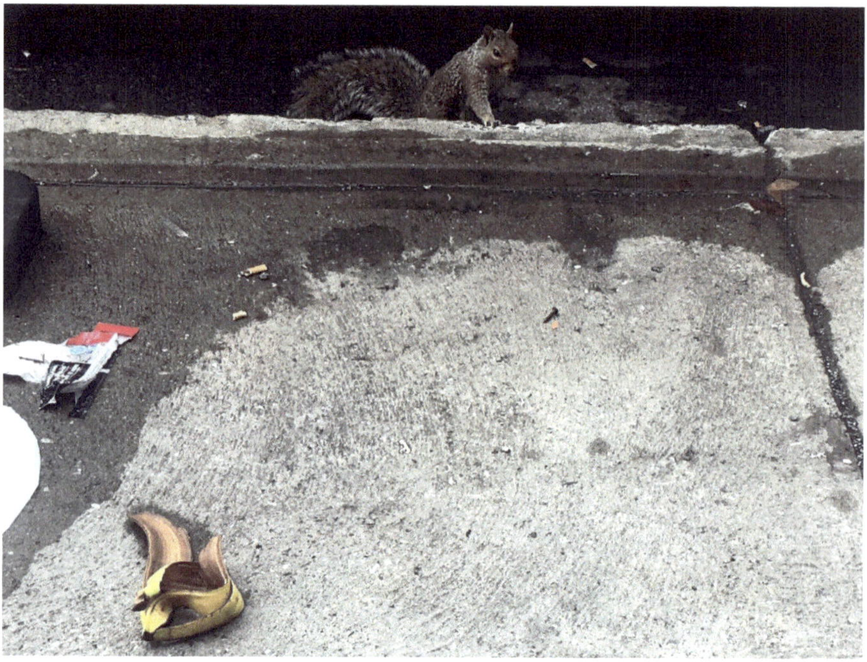

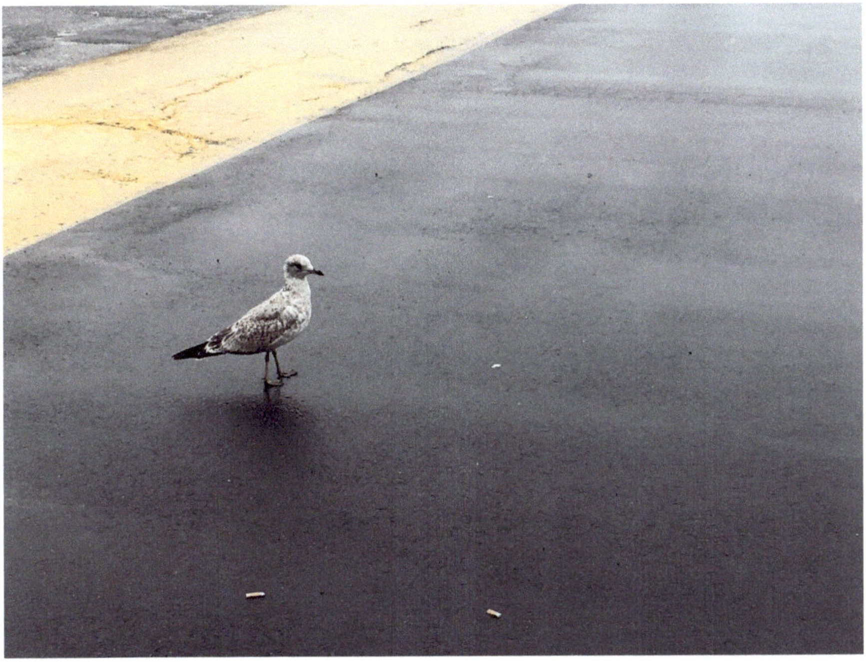

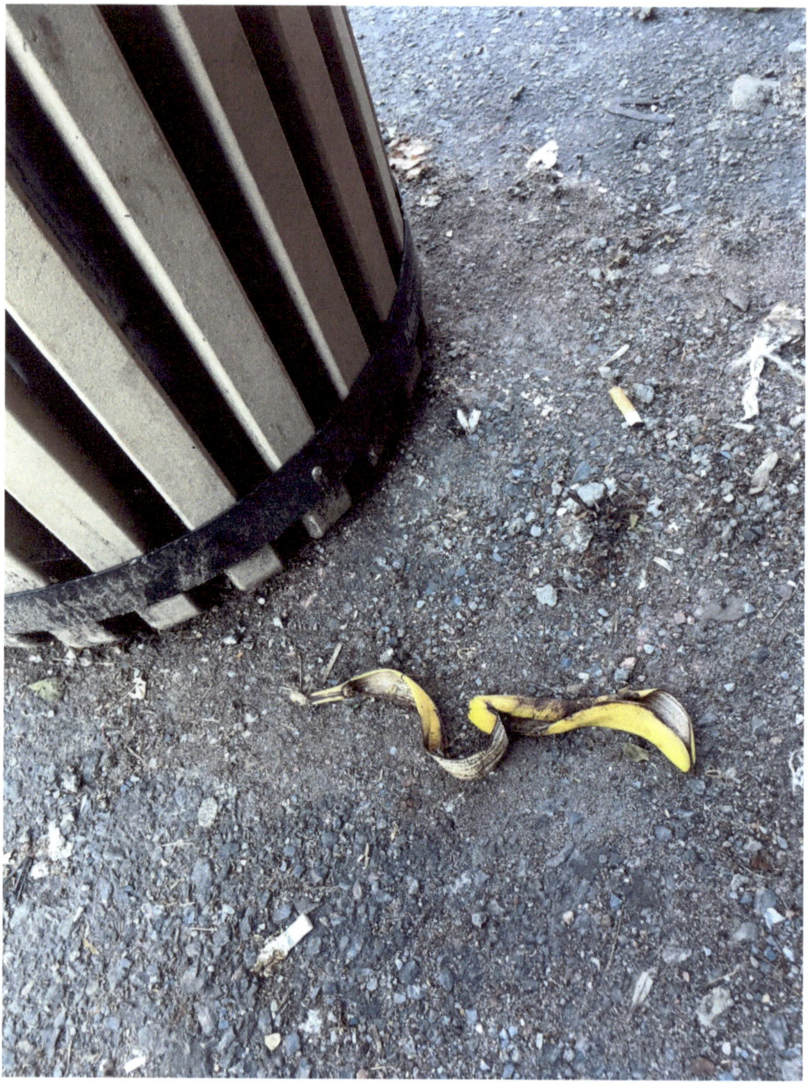

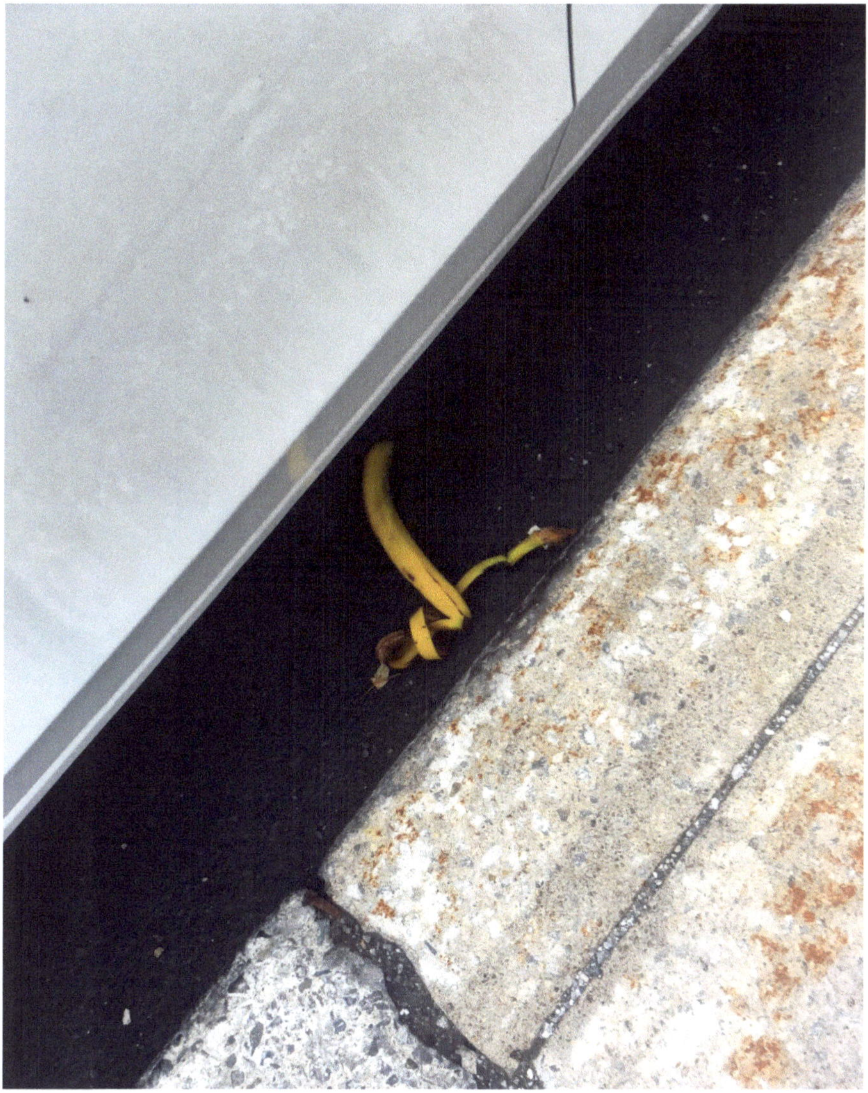

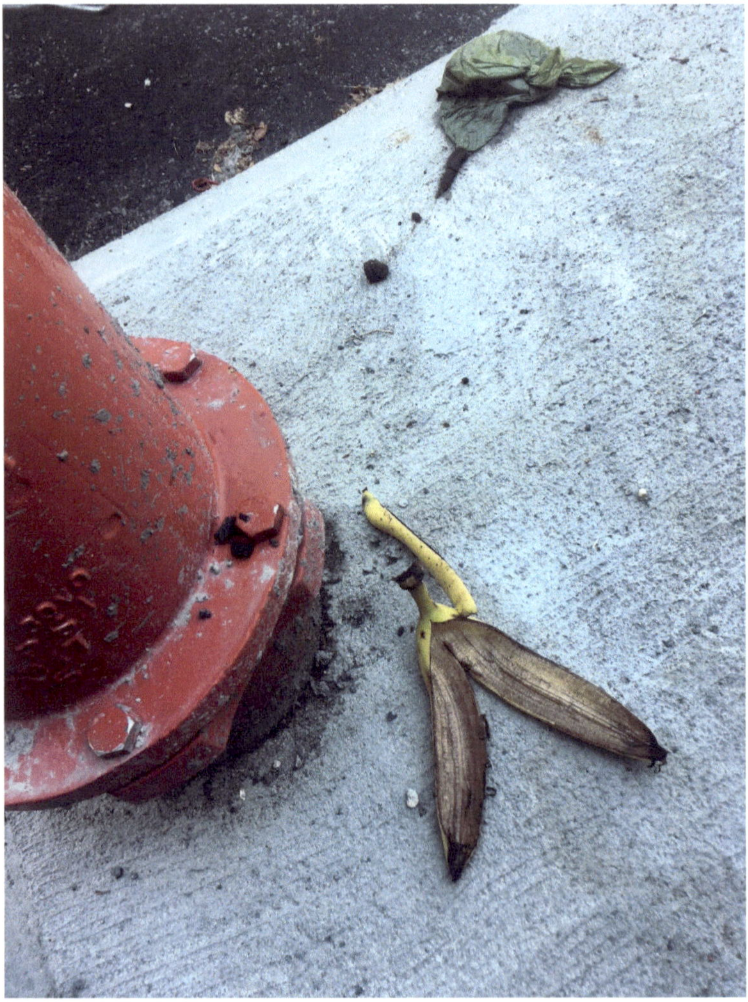

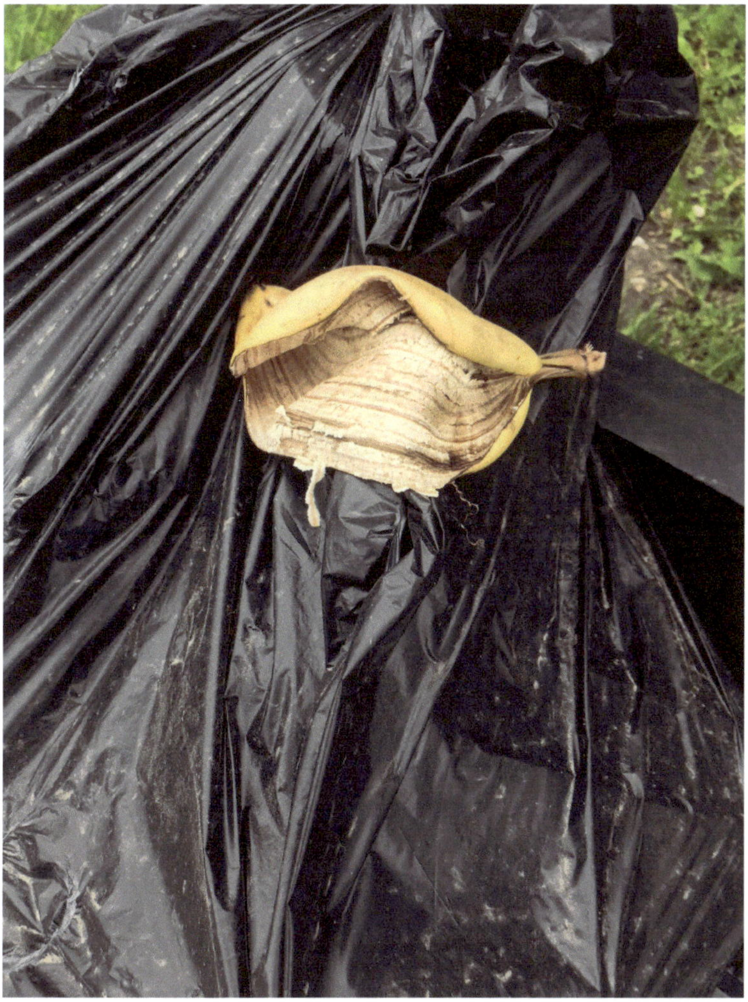

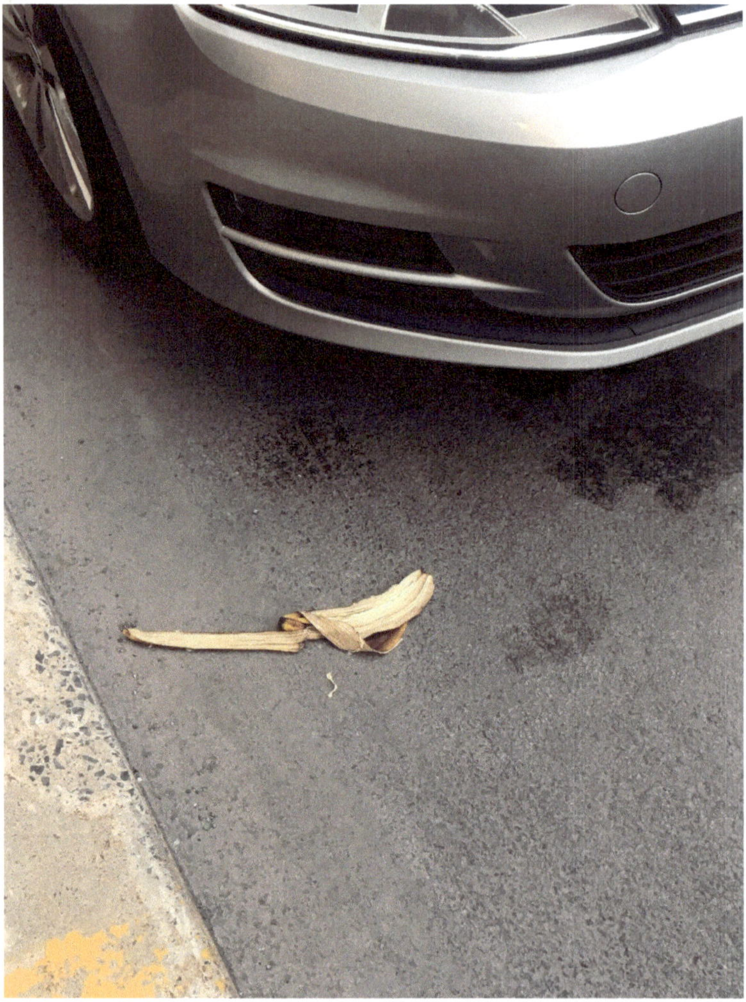

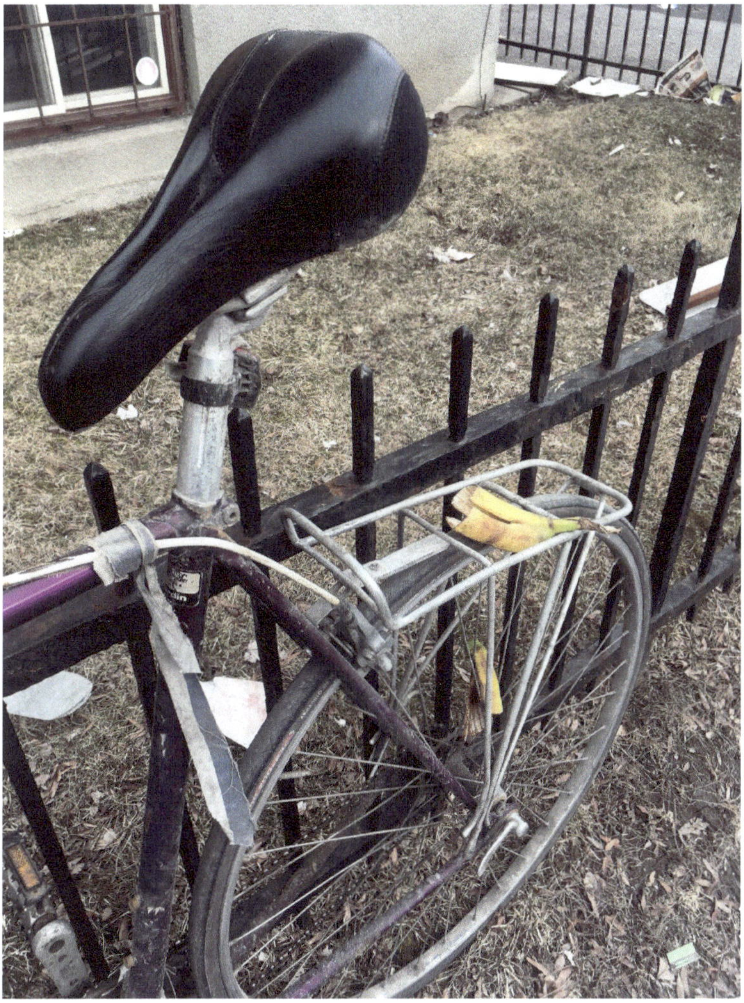

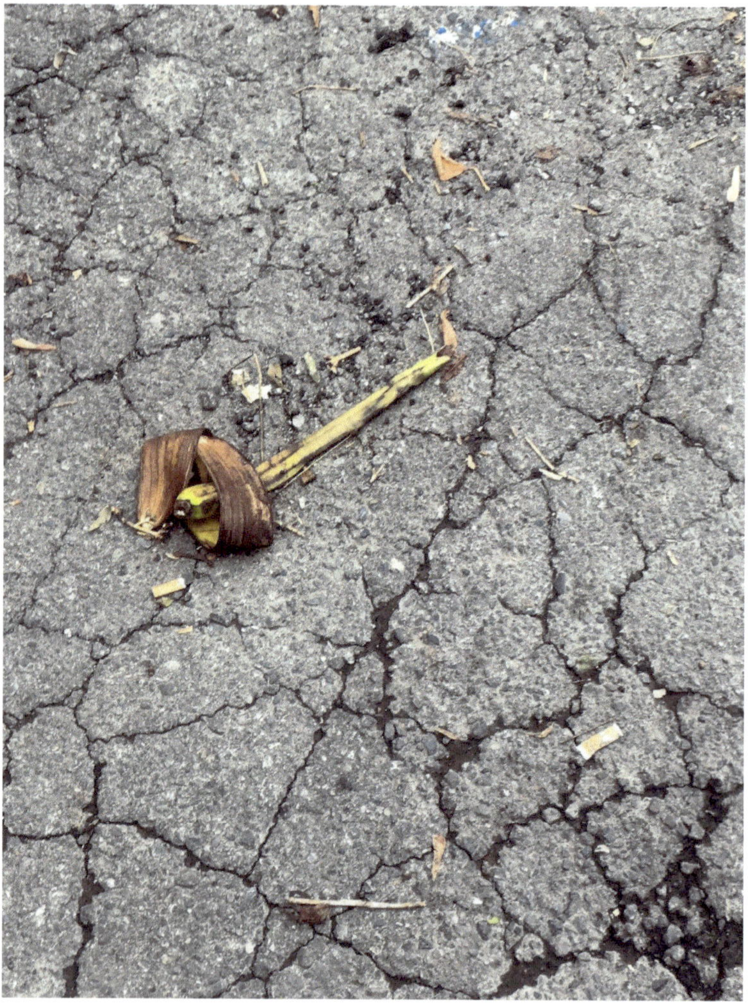

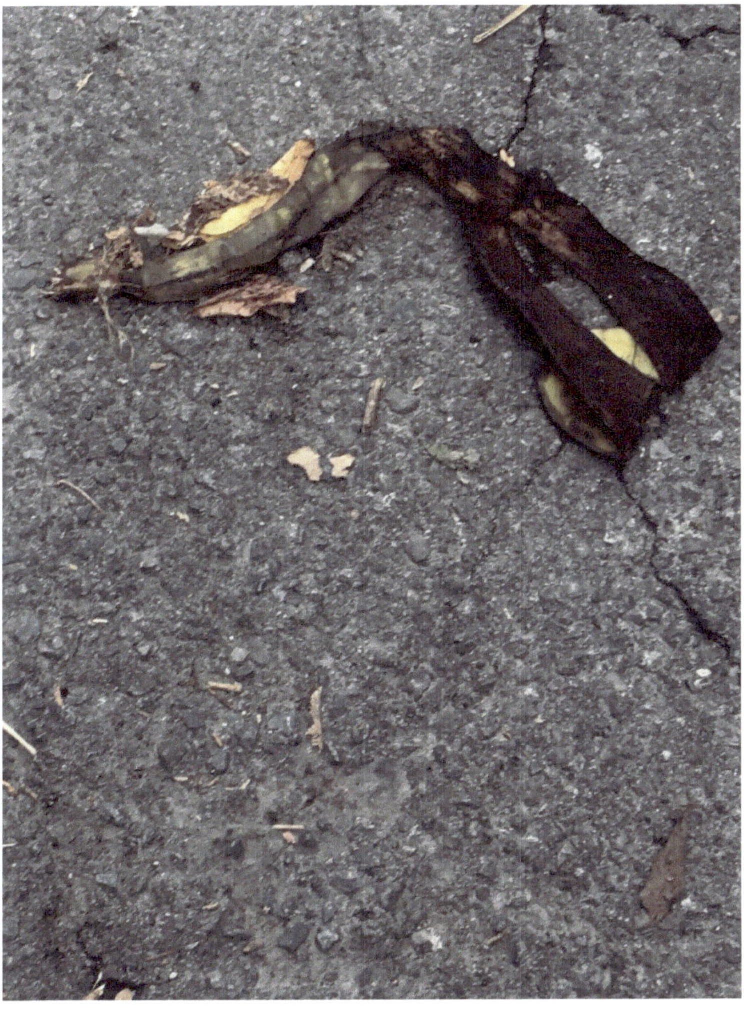

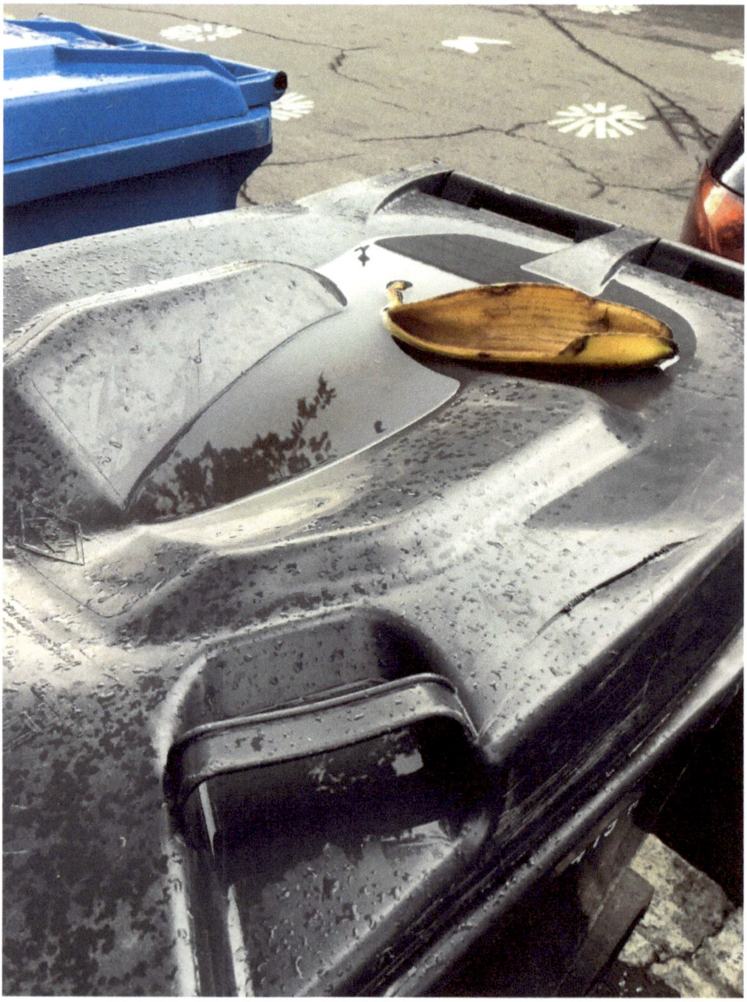

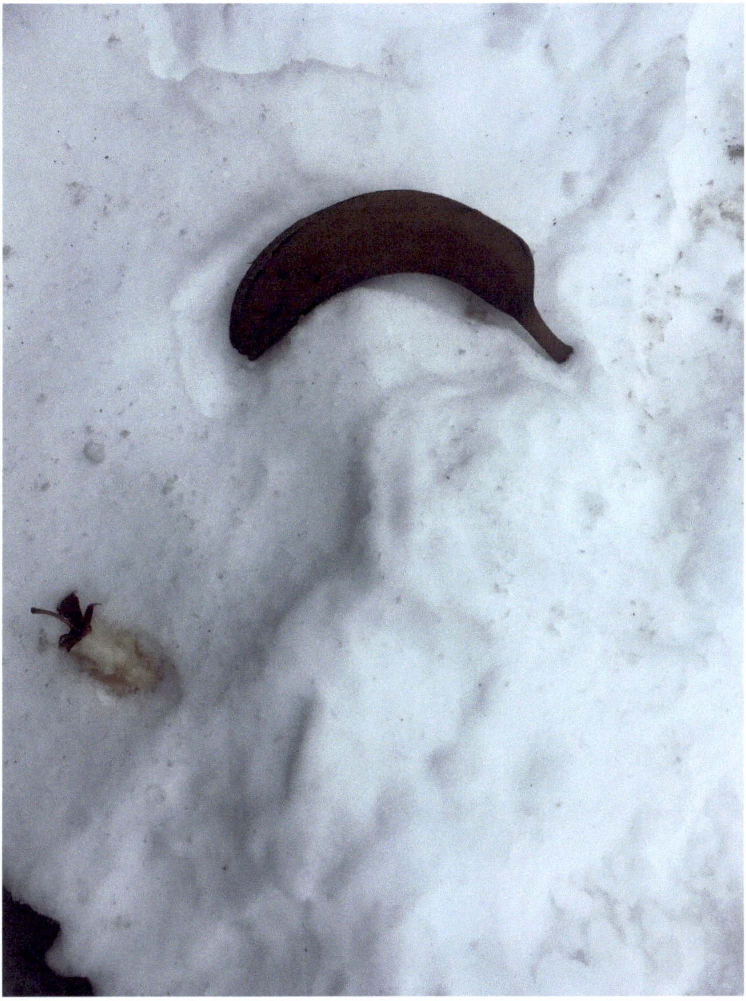

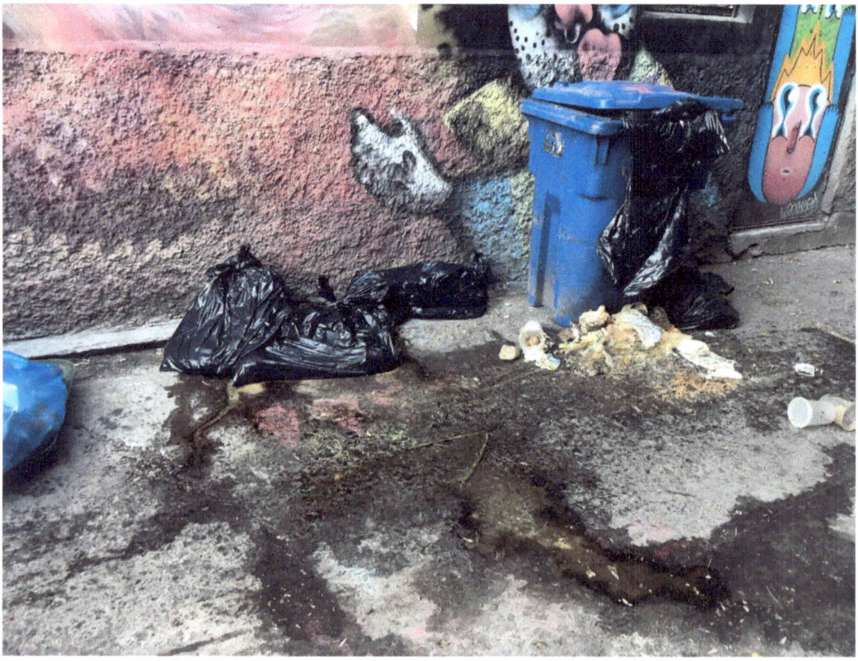

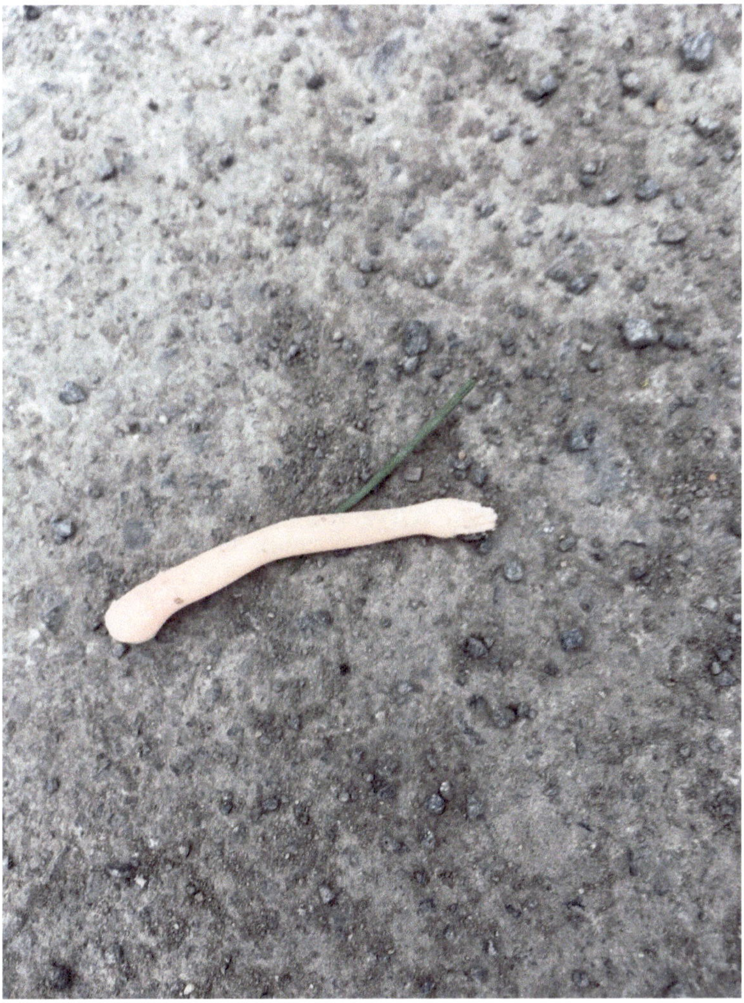

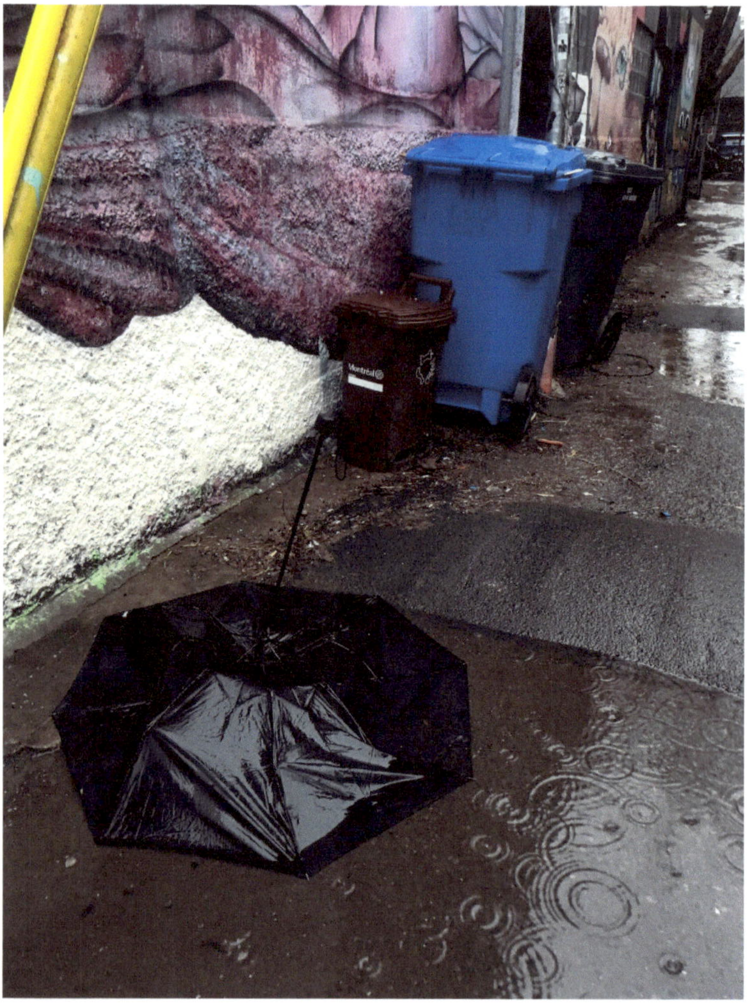
Montréal

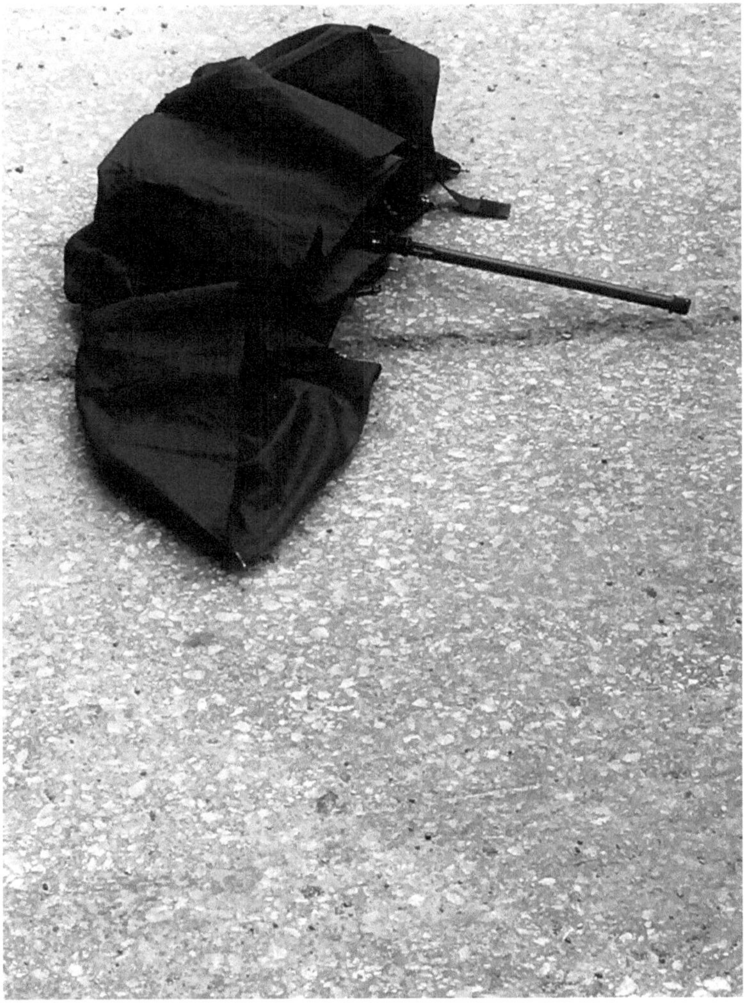

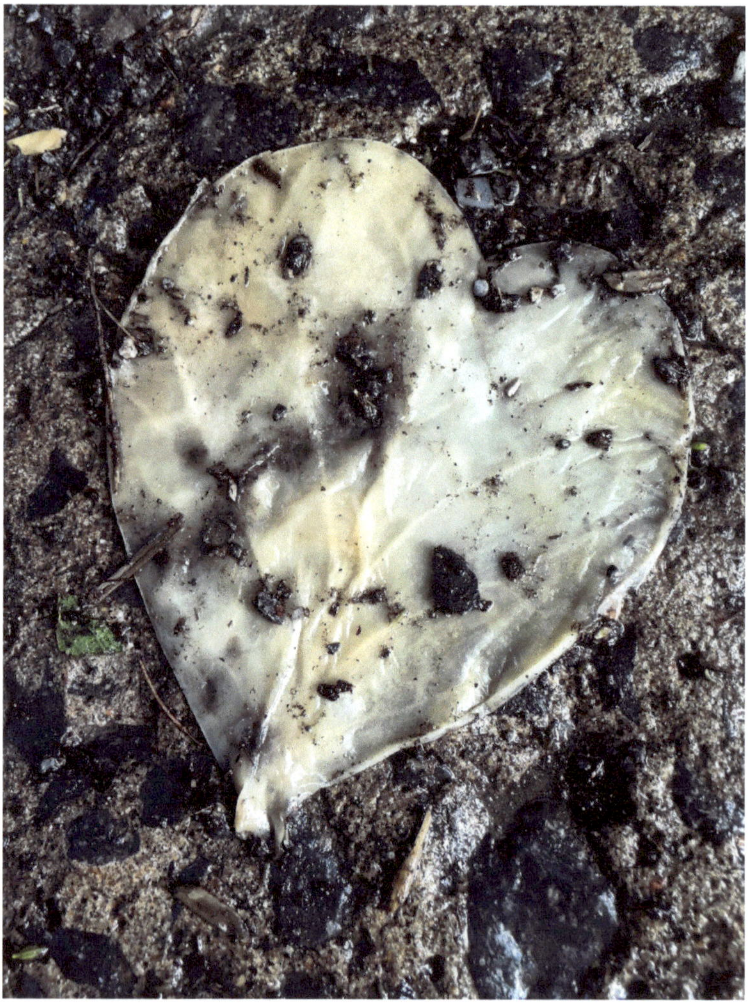

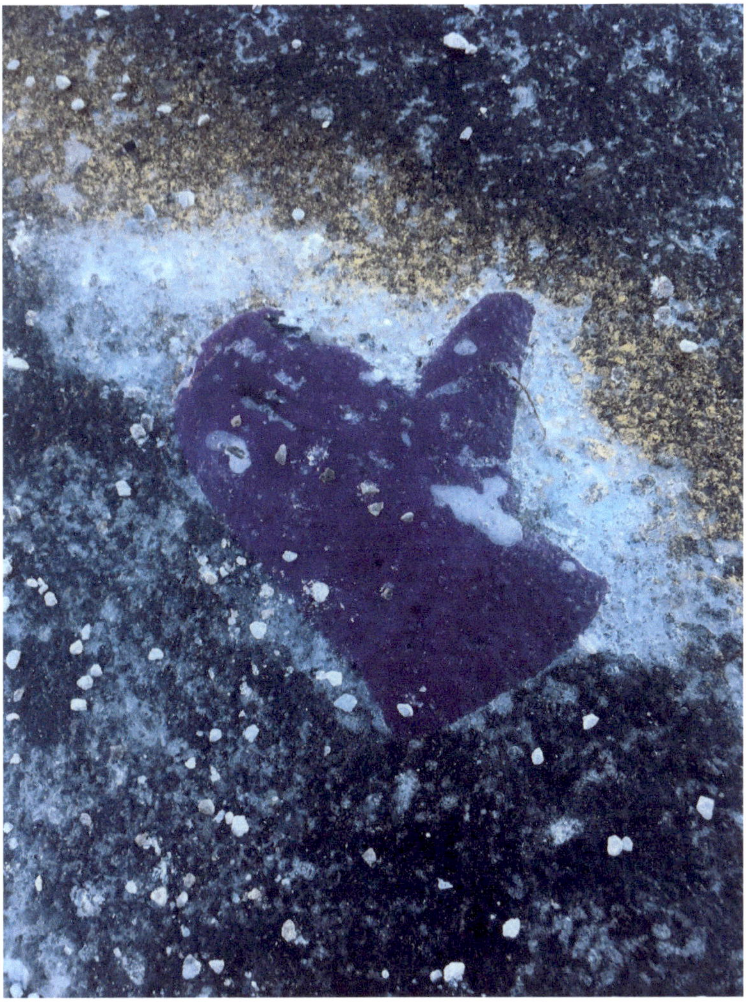

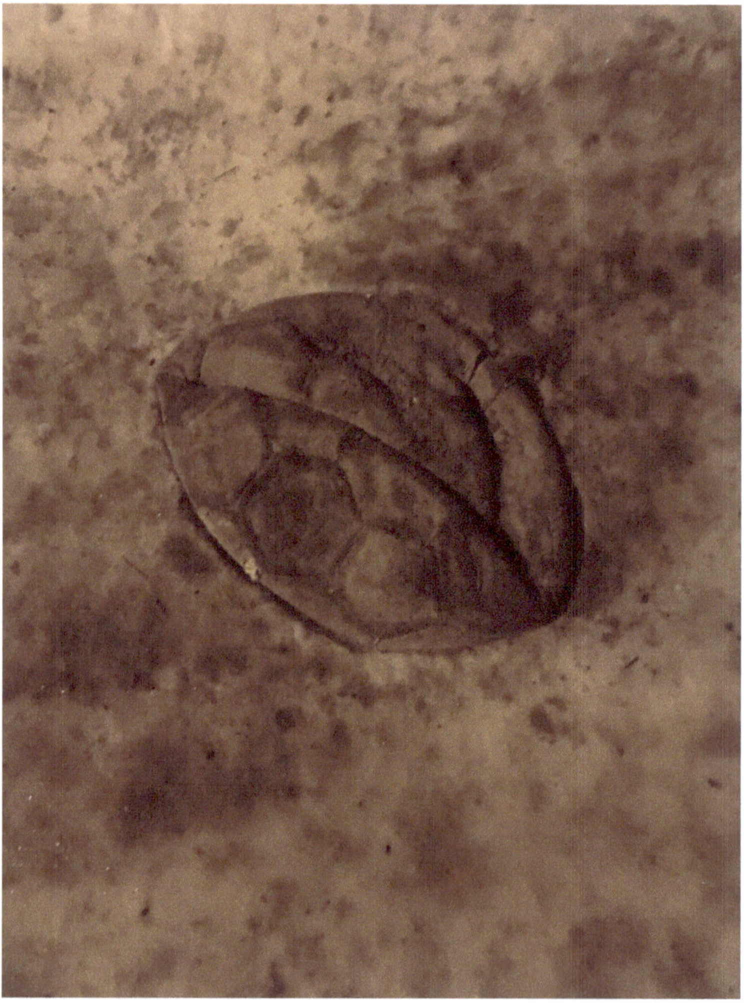

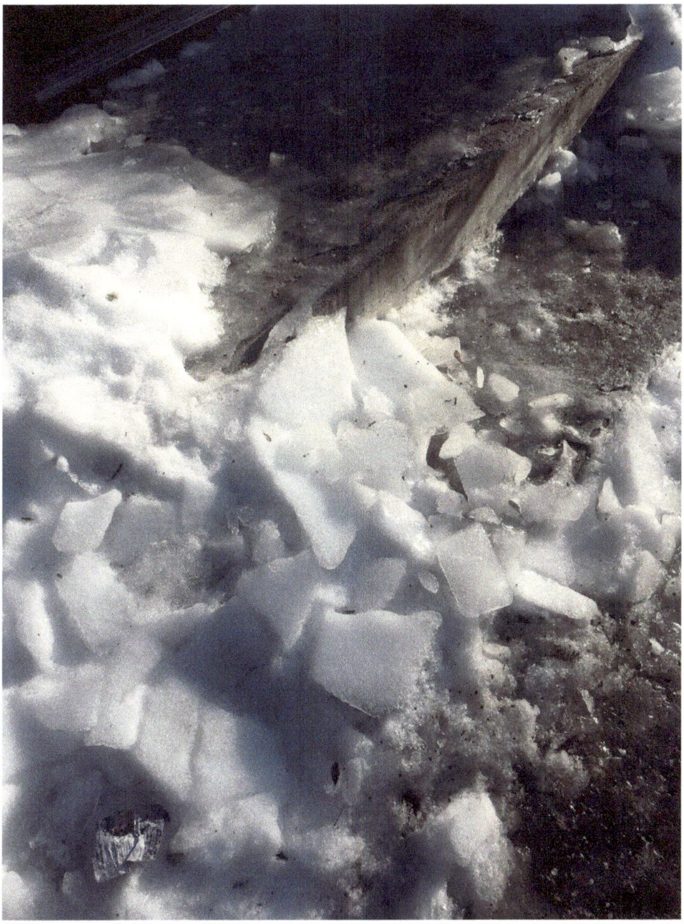

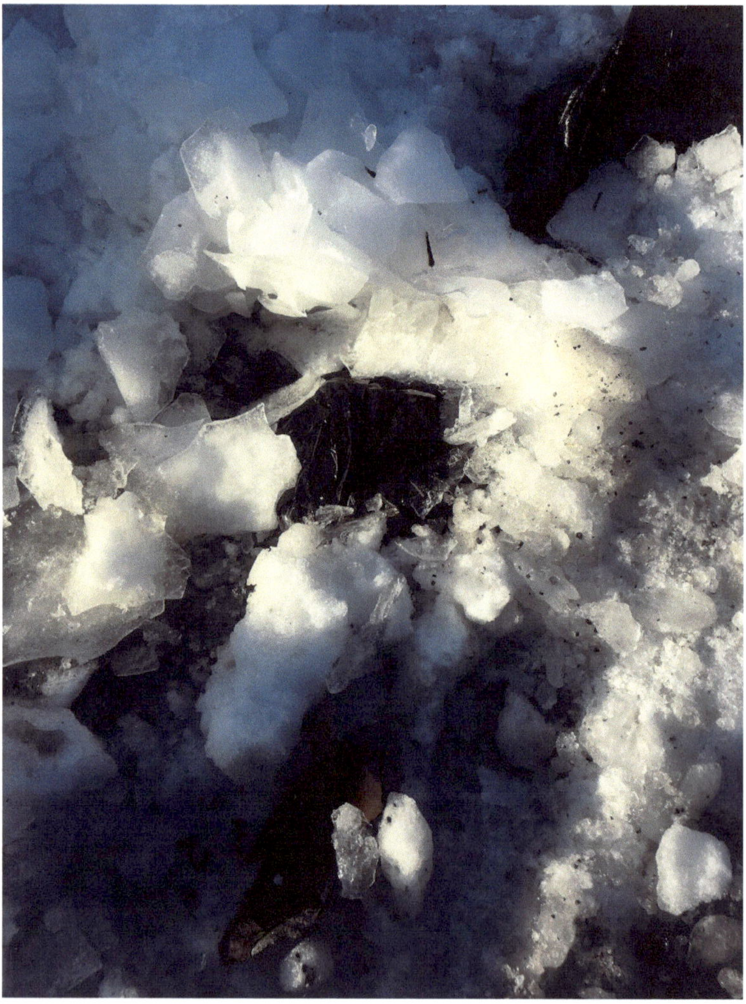

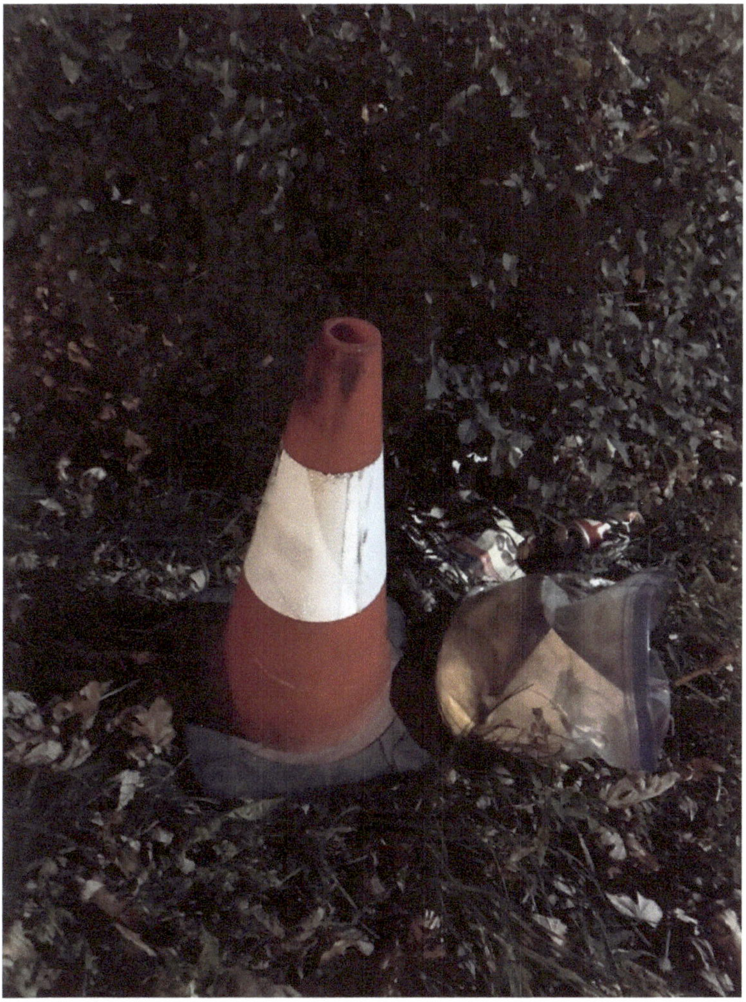

www.ingramcontent.com/pod-product-compliance
Lightning Source LLC
Chambersburg PA
CBHW040334220526
45473CB00009B/2681
* 9 7 9 8 5 7 6 1 6 3 0 4 5 *